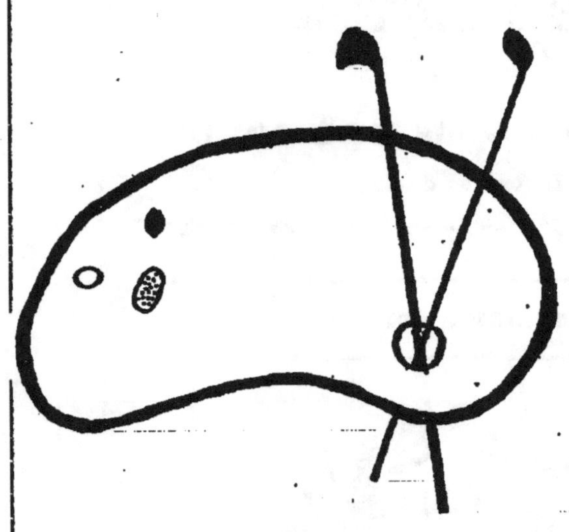

DEBUT D'UNE SERIE DE DOCUMENTS
EN COULEUR

SCIENCE ET RELIGION

Études pour le temps présent

LA CONCEPTION CATHOLIQUE DE L'ENFER

PAR

M. l'Abbé Louis BRÉMOND

Docteur en théologie

Professeur de dogme au Grand Séminaire de Digne.

DEUXIÈME ÉDITION

PARIS

LIBRAIRIE BLOUD ET BARRAL

4, RUE MADAME ET RUE DE RENNES, 59

1900

— **L'Apologétique historique au XIX' siècle. — La Critique religieuse de Renan, etc.** par l'abbé Ch. Denis.   1 vol.

— **Nature et Histoire de la liberté de conscience,** p. l'abbé Canet. 1 vol.

— **L'Animal raisonnable et l'Animal tout court,** par C. de Irwan.   1 vol.

— **La Conception catholique de l'Enfer,** par l'abbé Brémond,   1 vol.

— **L'Attitude du catholique devant la Science,** p. G. Fonsegrive, 1 vol.

— *Du même auteur :* **Le Catholicisme et la Religion de l'Esprit.** 1 vol.

— **Du Doute à la Foi,** par le R. P. Tournebize, S. J.   1 vol.

— *Du même auteur :* **Opinions du jour sur les peines d'outre-tombe.**   1 vol.

— **La Synagogue moderne,** sa doctrine et son culte, par A. F. Saubin. 1 vol.

— *Du même auteur :* **Le Talmud et la Synagogue moderne.**   1 vol.

— **Evolution et Immutabilité de la doctrine religieuse dans Eglise,** par M. Prunier, supérieur de grand séminaire.   1 vol.

— **La Religion spirite,** son dogme, sa morale et ses pratiques, par I. Bertrand.   1 vol.

— *Du même auteur :* **L'Occultisme ancien et moderne.**   1 vol.

— **L'Hypnotisme franc et l'Hypnotisme vrai,** par le Dr Hélot. 1 vol.

— **L'Eglise et le Travail manuel,** par l'abbé Sabatier.   1 vol.

— **Unité de l'espèce humaine,** *prouvée par la similarité des conceptions et des créations de l'homme,* par le marquis de Nadaillac.   1 vol.

— *Du même auteur :* **L'Homme et le Singe.**   2 vol.

— **Le Socialisme contemporain et la Propriété,** p. M. G. Ardant 1 vol.

— **Pourquoi le Roman à la mode est-il immoral et pourquoi le Roman moral n'est-il pas à la mode ?** par G. d'Azambuja.   1 vol.

— **Comment se sont formés les Evangiles,** par le P. Th. Calmes, professeur au grand séminaire de Rouen.   1 vol.

Viennent de paraître :

— **L'Impôt et les Théologiens.** *Etude philosophique, morale et économique,* par le comte de Vorges, ancien ministre plénipotentiaire, membre de Académie de Saint-Thomas, etc., etc.   1 vol.

— *Du même auteur :* **Les Ressorts de la Volonté et le libre arbitre.**   1 vol.

— **Nécessité mathématique de l'Existence de Dieu.** *Explication — Opinions — Démonstration,* par René de Cléré.   1 vol.

— **Saint Thomas et la Question Juive,** par Simon Deploige, professeur l'Université Catholique de Louvain.   1 vol.

— **Premiers principes de Sociologie Catholique,** par l'abbé Audet.   1 vol.

— **La Patrie. —** *Aperçu philosophique et historique,* par J. M. Villefranche.   1 vol.

— **Le Déluge de Noé et les races Prédiluviennes,** par C. de Irwan.   2 vol.

— **La Saint-Barthélemy,** par Henri Hello.   1 vol.

— **L'Esprit et la Chair**, *Philosophie des macérations*, par Henri LASSERRE, auteur de *Notre-Dame de Lourdes*, etc., etc.   1 vol.

— **Le Problème Apologétique**, par l'abbé O. MANO, docteur en philosophie.   1 vol.

— **Le Levier d'Archimède ou la Mécanique céleste et le Céleste Mécanicien**, par le R. P. ORTOLAN,   2 vol.

— **Ce que le Christianisme a fait pour la femme**, p. G. d'AZAMBUJA. 1 vol.

— **L'Hypnotisme et la Stigmatisation**, par le D' IMBERT-GOURBEYRE. 1 vol.

— **L'Éducation chrétienne de la Démocratie**, *essai d'apologétique sociale*, par Ch. CALIPPE,   1 vol.

— **La Religion catholique peut-elle être une science ?** par l'abbé G. FRÉMONT.   1 vol.

— *Du même auteur :* **Que l'Orgueil de l'Esprit est le grand écueil de la Foi**, *Théodore Jouffroy, Lamennais, Ernest Renan.*   1 vol.

— **La Révélation devant la Raison**, par F. VERDIER, supérieur de Grand Séminaire,   1 vol.

— **Confréries musulmanes.** — *Histoire — Discipline — Hiérarchie*, par le R. P. PETIT,   1 vol.

— **Pratique de la Liberté de conscience dans nos Sociétés contemporaines**, par l'abbé CANET,   1 vol.

— **Comment peut finir l'Univers**, d'après la science, p. C. DE KIRWAN 1 vol.

— **Les Théories modernes de la Criminalité**, par le D' DELASSUS 1 vol.

— **Faillite du Matérialisme**, par Pierre COLANET, 3 vol. *se vendant séparément :*

    I. — *Historique,*   1 vol.
    II. — *Discussion : l'atome et le mouvement.*   1 vol.
    III. — *Discussion : l'éther, le gaz, l'attraction. Conclusion. — Appendice.* 1 vol.

— **Le Globe terrestre**, par A. DE LAPPARENT, Membre de l'Institut, professeur à l'École libre des Hautes Études. 3 vol. *se vendant séparément.*

    I. — *La Formation de l'écorce terrestre.*   1 vol.
    II. — *La nature des mouvements de l'écorce terrestre.*   1 vol.
    III. — *La Destinée de la terre ferme et la Durée des temps.*   1 vol.

— **De la Connaissance du Beau**, *sa définition, application de cette définition aux beautés de la nature*, par l'abbé GABORIT, archiprêtre de la Cathédrale de Nantes,   1 vol.

— **Le Diable dans l'Hypnotisme**, par le docteur Ch. HÉLOT,   1 vol.

— **De la Prospérité comparée des nations protestantes et des nations catholiques**, *au point de vue économique — moral — social*, par le R. P. FLAMÉRION, S. J.   1 vol.

— **L'Art et la Morale**, par le P. SERTILLANGES, dominicain, docteur en théologie,   1 vol.

— **La Sorcellerie**, par L. BERTRAND.   1 vol.

— **Qu'est-ce que l'Écriture sainte ?** *Les Livres inspirés dans l'antiquité chrétienne, Théorie de l'Inspiration*, par le P. Th. CALMES.   1 vol.

Im pr. des Orph.-Appr. d'Auteuil, D. Fontaine, 40, rue La Fontaine, Paris.

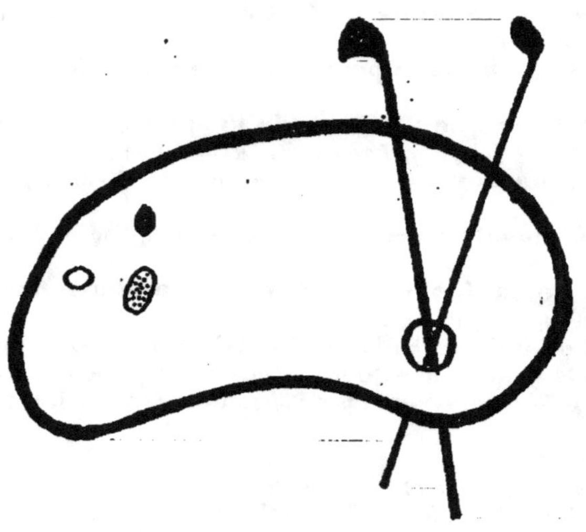

FIN D'UNE SERIE DE DOCUMENTS
EN COULEUR

LA CONCEPTION CATHOLIQUE
DE L'ENFER

PAR

M. l'Abbé Louis BRÉMOND

Docteur en théologie

Professeur de dogme au Grand Séminaire de Digne

DEUXIÈME ÉDITION

PARIS
LIBRAIRIE BLOUD ET BARRAL
4, RUE MADAME ET RUE DE RENNES, 59

1900

LE DOGME DE L'ENFER.

La doctrine de l'enfer éternel est une partie essentielle de la révélation chrétienne dont l'Eglise est
l'interprète infaillible.

Que nous dit l'Eglise au sujet de l'enfer ?

« Selon la règle commune de Dieu, les âmes de
ceux qui meurent avec un péché mortel actuel descendent aux enfers, aussitôt après leur mort, pour y
souffrir les supplices infernaux. Néanmoins, au jour
du jugement, tous les hommes comparaîtront avec
leurs corps, pour rendre compte de leurs propres
actions et chacun recevra la rémunération due au
corps, selon qu'il aura fait le bien ou le mal (1). »

« Jésus-Christ rendra à chacun selon ses œuvres,
tant aux réprouvés qu'aux élus : tous ressusciteront
avec leurs propres corps, qu'ils ont maintenant, afin
de recevoir selon leurs œuvres bonnes ou mauvaises : ceux-là un châtiment perpétuel avec le
diable et ceux-ci une gloire éternelle avec le
Christ (2). »

Un décret d'Innocent III enseigne expressément.

(1) Benoît XII, Constitution « *Benedictus Deus*. »
(2) *Quatrième concile de Latran*.

que « le châtiment du péché originel est la priva-
tion de la vue de Dieu, mais que le châtiment du
péché actuel, c'est le supplice de la géhenne perpétuelle. »

Tels sont les enseignements de l'Eglise. C'est aussi
la doctrine de l'Evangile.

Le royaume du ciel est comparé à un festin de
noces. L'invité qui s'est présenté sans être revêtu de
la robe nuptiale c'est-à-dire le pécheur qui a péné-
tré dans l'éternité sans être revêtu de la grâce sanctifiante, non seulement est impitoyablement chassé
de la salle du banquet; mais le roi, s'adressant à ses
serviteurs : « Liez-lui les pieds et les mains, leur
dit-il, et jetez-le dans les ténèbres extérieures, là
où sont les pleurs et les grincements de dents (1). »

Et, à propos du scandale, Jésus-Christ nous dit :
« Si votre main vous scandalise, coupez-la et jetez-
la loin de vous ; car il vaut mieux pour vous entrer
mutilé dans la vie que de tomber avec vos deux
mains dans la géhenne, dans le feu qui ne s'éteindra jamais, là où le ver des réprouvés ne meurt pas,
où le feu ne s'éteint pas. Si votre pied vous scandalise, tranchez-le ; mieux vaut pour vous entrer boi-
teux dans la vie éternelle que d'être jeté avec vos
deux pieds dans la géhenne du feu inextinguible, là
où le ver des réprouvés ne meurt pas, où le feu ne
s'éteint pas. Si votre œil vous scandalise, arrachez-
le ; mieux vaut pour vous entrer borgne dans le
royaume de Dieu que d'être précipité avec vos deux
yeux dans la géhenne du feu, là où le ver des ré-

____

(1) S. Matth., xxii, 13.

prouvés ne meurt pas, où le feu ne s'éteint pas (1). »

S'agit-il de préparer les témoins de l'Evangile aux redoutables épreuves qui les attendent dans le monde ? Ecoutez ce que dit le Maître : « Ne craignez pas ceux qui peuvent tuer le corps et qui, après cela, n'ont plus de mal à vous faire. Je vais vous montrer qui vous devez craindre : craignez celui qui, après avoir fait périr le corps, peut encore précipiter l'âme et le corps dans l'enfer. Oui, je vous le dis, c'est celui-là qu'il faut craindre (2). »

Quelle est la sentence que le Juge suprême doit prononcer un jour sur les réprouvés : « Allez-vous-en, maudits, au feu éternel (3). » Le mauvais riche dont parle l'Evangile fut enseveli dans l'enfer où il est torturé par la flamme (4).

Voilà le châtiment. Et quelle en est la durée ? La sentence du Juge nous dit d'avance qu'elle sera éternelle et la parabole du mauvais riche nous apprend qu'entre les élus et les damnés il y a un abîme infranchissable.

Le mauvais riche, désespérant d'obtenir un adoucissement à ses maux, pense à ses frères encore vivants sur la terre. « Que, du moins, Lazare aille les avertir pour qu'ils ne viennent pas, à leur tour, dans ce lieu de tourments. — Et Abraham répond : « Ils ont Moïse et les prophètes ; qu'ils les écoutent. — Non, père Abraham, mais si un des morts allait

(1) Marc., ix, 42 47. Cf. Matth., v. 29-30 ; — xviii, 8, 9.
(2) Matth., x, 28 ; saint Luc., xii, 5.
(3) Matth., xxv, 41.
(4) Luc., xvi, 21.

vers eux, ils feraient pénitence. — Non, dit Abraham. S'ils n'écoutent pas Moïse et les prophètes, quand bien même un mort ressusciterait, ils ne croiront pas (1). »

Ainsi, Dieu nous avertit par tous les moyens ; sans cesse l'Eglise de sa part répète au monde « qu'il est horrible de tomber entre les mains du Dieu vivant (2). »

La parole de Dieu est garantie par les témoignages les plus irrécusables. Celui qui refuse de croire sera condamné par le Juge suprême. Celui qui croit mais refuse de vivre selon sa foi, malgré les exhortations et les menaces de Dieu, sera pareillement condamné. L'un et l'autre ne pourront s'en prendre qu'à eux-mêmes, si, mourant dans l'impénitence finale, ils se voient précipités pour toujours dans cet abîme qu'on appelle l'enfer : « Ceux qui auront fait le bien, iront à la vie éternelle ; ceux, au contraire, qui auront fait le mal iront au feu éternel (3). »

(1) Luc., xvi, 19-31.
(2) Hebr., x, 31.
(3) *Symbole de saint Athanase.*

L'ENFER DEVANT LA CRITIQUE.

Desiderabunt mori, et mors fugiet ab eis. (Apoc. ix, 6.)

Criez après l'enfer, de l'enfer il ne sort que l'éternelle soif de l'impossible mort. (A. D'AUBIGNÉ, *Les Tragiques*.)

On connaît l'histoire de ce jeune conscrit que de mauvais plaisants poussèrent à la révolte. Au premier jour d'exercice, quand on lui eut enseigné à partir du pied gauche, la pointe en avant, ils lui dirent : « Ce serait ridicule d'obéir. Cela ne se fait jamais. »

Il eut de la salle de police.

Fiers de ce succès, ils lui persuadèrent que c'est ridicule d'être le soir à l'appel, que l'officier est trop bon pour en vouloir au soldat inexact.

Il manqua à l'appel, et il eut de la prison.

Enfin, d'aventures en aventures, on arriva à lui persuader que c'était de très bon ton d'insulter le colonel, quand il passerait, pour ne point paraître trop servile ; et il fit si bien qu'il passa en conseil de guerre.

C'est le portrait des gens à qui l'on enseigne à ne tenir aucun compte de la loi de Dieu, sous prétexte que Dieu est trop bon pour s'en irriter. Et cependant le Créateur a pour le moins autant de droits qu'un

officier sur ses soldats et la création est autrement
disciplinée que le meilleur régiment.

Certains libres penseurs, ayant un intérêt sérieux
à ce que l'enfer soit une fable, s'imaginent supprimer les châtiments d'outre-tombe en cessant d'y penser. D'autres, sans se démontrer à eux-mêmes la
fausseté du dogme de l'enfer, croient qu'il est de bon
ton de ne point partager les convictions de tout le
monde. Quelques-uns tâchent de raisonner leur
incrédulité. Cette dernière classe, bien peu nom-
breuse, mérite seule qu'on en tienne compte.

Après avoir exposé les objections de la libre pensée, nous essaierons donc d'y répondre. Nous le
ferons, espérons-nous, avec tant de franchise et de
loyauté, que tout esprit impartial sera obligé de re-
connaître que notre seule ambition est de défendre
la vérité méconnue.

1ʳᵉ OBJECTION.

« Il répugne à Dieu, dit J. Reynaud (1), que le mal s'éternise.
Ni sa puissance, ni sa sagesse, ni sa bonté, ne se prête à ce
que le mal soit admis à constituer dans l'univers, à l'opposé de
l'empire du ciel, un empire fixe et absolu. »

Dans ce dualisme définitif il n'y a rien de plus
choquant que dans le dualisme du bien et du mal moral, de la vérité et du mensonge, sur la terre. Ils ne

(1) *Terre et Ciel*, p. 381.

diffèrent pas essentiellement l'un de l'autre. L'un, sans doute, est temporaire et l'autre, éternel. Mais en soi, dans leur nature, c'est toujours l'union avec Dieu et la séparation d'avec Dieu : c'est le ciel et l'enfer, dans le temps comme dans l'éternité. Dieu en est-il moins sage, juste et bon ?

On insiste : Pourquoi Dieu qui a autant horreur de conserver le mal que de lui donner origine, ne satisferait-il pas sa justice par l'intensité de la peine plutôt que par la durée (1) ?

— La grièveté du crime se mesure par la grandeur infinie de Dieu outragé. Or, un crime dont la malice est infinie, demande une peine infinie, et comment le sera-t-elle ?

Sera-ce en elle-même et dans son essence ? C'est ce qui ne se peut, et ce que nul être créé n'est en état de supporter.

Reste donc que ce soit une peine infinie autant qu'elle le peut être, je veux dire dans son éternité, et qu'elle s'étende jusque dans l'immensité des siècles à venir.

Voilà l'unique voie que Dieu ait de se satisfaire soi-même. « Sans cette éternité, dit Bourdaloue (2), il y aurait toujours une distance infinie entre l'offense et les peines ; mais par cette éternité, quoique Dieu ne soit jamais pleinement satisfait, parce que la peine étant éternelle, n'est jamais entièrement remplie, il y a néanmoins entre le châtiment et le crime toute l'égalité possible. »

(1) J. REYNAUD, *Terre et Ciel* p. 394.
(2) *Serm. sur l'Éternité malheureuse*, 1ᵉʳ point.

Le supplice des méchants et la récompense des bons reposent sur le même principe de justice. C'est une félicité sans fin qui est accordée aux élus. Par quelle inconséquence, le malheur des méchants aurait-il un terme ? Le ciel éternel et l'enfer éternel sont deux vérités corrélatives.

Saint Thomas lui-même proclame ce parallélisme entre la durée des récompenses et la durée des châtiments : « Selon la justice de Dieu, dit-il, une récompense éternelle est due au mérite temporel, donc un supplice éternel est dû, selon la même justice, à la faute temporelle (1). »

Sans doute, un législateur humain, même après une menace absolue, peut pardonner en changeant de dessein ; mais Dieu est immuable. La délivrance du damné, par la rémission de la peine, sans être directement contraire à la justice et à la fidélité, répugne néanmoins à l'immutabilité des décrets divins.

Aussi la sentence est-elle portée déjà : « *Retirez vous de moi, maudits, pour le feu éternel qui a été préparé au diable et à ses anges* », déjà même elle est mise à exécution : « *Et ceux-ci iront au supplice éternel, et les justes à la vie éternelle* (2). »

Toutes les circonstances de cette sentence montrent que l'éternité des peines retient son caractère propre et rigoureux, non seulement parce que l'équivoque ne conviendrait pas dans un pareil arrêt et un si

(1) *Supplém* , q. C. a. 1.
(2) Matth., xxv, 41, 46. Cf. Daniel, xii, 2 ; Is., xxxiii, 14 ; ii Thess., i, 9 ; Apoc., xxi, 8.

grand enseignement, mais parce qu'il s'agit des anges et des âmes immortelles.

« Suivant le génie des langues et des époques, dit Jean Reynaud, le même mot se revêt souvent de valeurs diverses. Les mots αἰών (chez les Grecs) *æternus*, et leur équivalent chez les Hébreux, ne représentent, dans l'esprit des écrivains qui les ont employés, que l'idée... d'une durée si grande, que la pensée s'y perd(1). »

Ces paroles sont par trop absolues. Comme la plupart des expressions, le sens propre du mot « éternel » se restreint ou s'étend selon la nature des objets auxquels on l'applique. Attribué à Dieu, il signifie une durée sans commencement, sans succession et sans fin. Énoncé d'une institution humaine ou d'un événement renfermé dans un ordre de choses périssable, il ne dénote qu'un laps de temps plus ou moins long. Mais employé à propos des esprits, immortels et indestructibles par nature, ce nom d'éternité désigne une durée qui se poursuivra par delà les siècles et n'aura pas de terme.

« *Le ver des méchants ne mourra point et leur feu ne s'éteindra point.* » Ainsi parle Isaïe (2). Trois fois le Christ répète ces mêmes paroles (3). « *Il amassera son blé dans le grenier*, dit saint Jean-Baptiste, *et la paille sera brûlée par un feu inextinguible* (4). » — « *Les impies*, dit saint Paul, *endureront des peines*

(1) *Terre et Ciel*, p. 399
(2) Is., LXVI, 24. Cf. XXXIII, 14.
(3) Marc, IX, 43, 45, 47.
(4) Matth., III, 12.

éternelles dans la mort, confondus par la face du Seigneur et par la gloire de sa puissance (1). »

La Sainte Ecriture n'admet pas plus l'entrée future des impies dans le ciel que la fin de leur supplice·

« *Ne savez-vous*, dit le même apôtre, *que les hommes injustes ne possèderont point le royaume de Dieu ? Gardez-vous d'errer : ni les fornicateurs, ni les serviteurs des idoles, ni les adultères, ni les impudiques, ni les infâmes, ni les voleurs, ni les avares, ni les ivrognes, ni les médisants, ni les ravisseurs, ne possèderont le royaume de Dieu* (2). »

Pourquoi cette exclusion éternelle sinon parce que la durée des peines est en raison de la durée des fautes. « *Celui qui a blasphémé contre le Saint-Esprit n'aura jamais de rémission, mais sera coupable d'un crime éternel* (3). » Ne pouvant cesser d'être criminel, il ne cessera point aussi d'être misérable.

Il est impossible à un esprit de recouvrer une propriété essentielle dont il a été privé. Or, l'ordination vers Dieu est une propriété essentielle de l'être spirituel. Si l'esprit déchoit de cette ordination en vertu d'un châtiment, ce châtiment sera nécessairement éternel, car an être spirituel ne peut se dissoudre en ses premiers éléments pour être ensuite reproduit dans la même espèce et recouvrer ainsi la propriété essentielle dont il a été dépouillé.

(1) II Thessal., 1, 9.

(2) I Cor., vi, 9-10 ; Cf. Epist ad Gal., v. 19-21 ; Apoc., xxi, 8.

(3) Marc, iii, 29.

L'éternité de ce châtiment ressort de la nature même de la loi morale.

La loi morale est l'ensemble des moyens par lesquels la créature raisonnable, usant de sa liberté, atteint sa fin dernière.

Les rapports qui relient de tels moyens à une telle fin, dérivent de la nature et rien n'y supplée.

L'observateur de la loi arrive donc naturellement au terme de la loi qui est le bonheur suprême; mais il n'en est pas de même du violateur de la loi. Ce n'est pas en s'éloignant d'un but qu'on peut l'atteindre.

Faut-il s'étonner que l'âme rebelle, après le temps d'épreuve, reste à jamais privée de sa fin dernière? Non, car la perte de la fin *dernière* implique une perte définitive: si la perte était temporelle, elle ne porterait que sur quelque moyen. Celui qui une fois a perdu cette dernière fin, l'a perdue pour toujours, et cela, par le fait même qu'il s'agit de la fin dernière. Voilà pourquoi le scélérat, entouré de puissance, comblé d'honneurs et plongé dans les délices, n'est, à côté du juste, qu'une créature souverainement méprisable et misérable. Écoutons saint Jérôme: « Les amateurs des délices du siècle, dit-il, et ceux qui, profanant les œuvres de Dieu, deviennent esclaves du péché, seront traînés dans la géhenne, et là, destinés à des supplices éternels, ils verront la puissance et l'orgueil se changer en misère et en bassesse (1). » Mais tandis que « les méchants iront au feu éternel, ceux qui auront fait le bien, iront à

(1) *In cap. 5 Isa.*

la vie éternelle (1). » Le ciel et l'enfer sont comme les deux plateaux de la justice éternelle.

2ᵉ OBJECTION.

Quel équilibre y a-t-il entre le péché et l'enfer ? La volonté déploierait-elle dans l'acte criminel toute son énergie, que cet acte n'en serait pas moins limité dans son intensité comme dans sa durée. Pourquoi donc, pour un péché nécessairement limité et passager, est-on condamné à une peine éternelle ?

La justice n'est que l'équation entre les actes humains et leur rétribution.

Le vrai juste est l'homme qui, par la justice de ses opérations temporaires, veut le Créateur pour toujours, de telle sorte que, s'il vivait toujours, il voudrait être toujours juste. Pareillement, le vrai pécheur est celui qui, par la perversité de ses opérations temporaires, veut la créature pour toujours, de manière que, s'il vivait toujours, il voudrait être et serait toujours pécheur.

Par des actes matériellement finis, l'un pratique des vertus intentionnellement infinies, l'autre, des péchés intentionnellement infinis.

Mais si, dans tous les actes humains, on retrouve ces deux éléments, le fini et l'infini, n'est-il pas nécessaire qu'on les retrouve aussi dans la rétribution de ces actes ?

(1) *Symbole de saint Athanase.*

Cette rétribution graduée chez les bienheureux, selon leurs vertus, et chez les réprouvés, selon leurs péchés, est finie dans son intensité en tant qu'elle correspond à la matérialité finie des actes humains, mais elle est infinie dans sa durée en tant qu'elle correspond à l'intentionnalité infinie des mêmes actes.

Les damnés subissent une peine sans fin, parce qu'ils ont eu la volonté réelle et obstinée de pécher sans fin.

Sans doute, certains pécheurs se proposent de se corriger un jour, mais ces vagues désirs de conversion, inspirés par la crainte de la peine plutôt que par l'horreur du mal moral, se concilient fort bien, en général, avec la disposition secrète de demeurer toujours dans le péché, si cela pouvait se faire impunément.

C'est la doctrine du docteur angélique : « Quiconque, dit-il, tombe volontairement dans le péché mortel, se place dans un état dont il ne peut sortir sans un secours divin : d'où il suit que, par le fait même qu'il veut pécher, il veut, comme conséquence, demeurer perpétuellement dans le péché.

« .... Qu'un homme, par exemple, se précipite dans un abîme, d'où il ne peut sortir que par un secours, on peut dire qu'il a voulu demeurer toujours dans cet abîme, quand même sa pensée serait tout autre. Ou plutôt, par là même qu'il péche mortellement, il met sa fin dans la créature. Et parce que la vie entière se rapporte à la fin, pour la même raison, il rapporte à ce péché toute sa vie ; et voudrait demeu-

rer à jamais dans le péché, s'il le pouvait impunément (1). »

Et lors même qu'il ne peut plus pécher par les
œuvres, il n'en continue pas moins à pécher par les
désirs. Car il ne s'arrête dans la voie du péché que
lorsqu'il y est arrêté par le défaut des moyens, par
le manque des occasions, par les maladies ou par la
mort, et il n'abandonne le péché que lorsque le péché
l'a abandonné.

« L'impossibilité de commettre le péché, dit saint
Thomas, n'exclut pas le désir de le commettre. Si un
homme en prend la résolution, et ne s'en abstient
que parce qu'il lui manque la possibilité d'accomplir
son funeste dessein, il n'en conserve pas moins le
désir, et ce péché n'en demeure pas moins toujours
et tout entier dans sa volonté (2). »

Mais cette disposition coupable de la volonté
humaine, cachée au regard de l'homme, est manifeste au regard de Dieu.

Pourquoi, dit-on, pour un péché qui passe si vite,
est-on condamné à une peine éternelle ?

« *O homme, qui es-tu, pour répondre à Dieu* (3) ?
et néanmoins, afin de satisfaire en un mot à ta question : n'est-il pas vrai que, lorsque tu te livres aux
objets de tes passions, tu veux pécher sans fin ? Combien de fois as-tu protesté aux complices de tes désordres que tu ne leur serais jamais infidèle ? Toutes
tes protestations s'en vont en fumée, le vent les

______

(1) *Sum. theol.*, *Supplem.*, Q. XCIX, a. 1.
(2) *Supplem.*, q. L, a. 4.
(3) Rom., ix, 20.

emporte, parce que Dieu confond tes projets ; mais
c'est là l'intention de ton cœur ; tu ne veux jamais
voir finir la chose où tu mets ton bonheur ; et la
marque que tu désires pouvoir toujours pécher, c'est
que tu ne mets point de fin à tes crimes, tant que
tu vis (1). »

Quoique momentané par rapport à l'acte, le péché
est éternel par rapport à la volonté.

Or, devant aucun tribunal, on ne se règle sur la
durée de l'acte criminel pour se prononcer sur la
durée du châtiment. Voilà un homicide commis dans
un instant, faut-il pour cela que le châtiment soit
momentané ? Souvent ces crimes sont punis par la
prison ou l'exil à perpétuité, parfois même par la
peine capitale, et dans ce dernier cas, ce n'est pas
la durée de l'exécution qu'on a en vue, mais l'exclusion perpétuelle du sein de la société. C'est ainsi
que la justice humaine, dans l'intérêt de l'ordre
social, inférieur, particulier et temporaire, frappe
le criminel qui a brisé les rapports sociaux. Pourquoi, dans l'intérêt de l'ordre moral, supérieur, universel et éternel, la justice divine n'infligerait-elle
pas un châtiment perpétuel à celui qui brise tous les
liens d'amour ?

Ce qu'un jury considère avant tout, quand il s'agit
d'accorder ou de refuser le bénéfice des circonstances
atténuantes, ce sont les intentions du coupable dans
la perpétration de son crime, et non le temps qu'il a
dépensé à le commettre et à en jouir. Dieu voit les

<hr>

(1) BOSSUET, Œuvres, t. X, p. 513, Pensées chrét., IX.

dispositions les plus secrètes du cœur humain : voilà pourquoi il punit d'une peine sans fin l'homme qui a voulu pécher sans fin.

La nature elle-même ne mesure pas la punition à la brièveté du temps employé à la violation de ses lois. Je suppose qu'on nous ait interdit de boire une eau froide et d'user de tout autre aliment nuisible. Si, malgré cette défense, nous prenons ces aliments, n'est-il pas certain que nous aurons à endurer de longues peines? La boisson d'une eau glacée, le contact du feu, l'abus de l'alcool, n'engendrent-ils pas des maladies incurables?

Nous ne nous étonnons pas à la vue de cette puni-tion terrible, immuable, qui résulte de la violation, même involontaire, des lois physiques. Pourquoi donc nous étonner qu'un châtiment pareil soit la conséquence nécessaire de la violation volontaire des lois de l'intelligence et de la morale?

5ᵉ OBJECTION.

« Quelle est l'utilité morale de la peine? D'exciter le coupa-ble à se convertir. Ce premier effet étant l'effet capital, tout le reste doit se subordonner à ses convenances.... (1) Toute peine est immorale, qui ne tend à l'amendement du coupable (2). » Comment, dès lors, concilier l'éternité des peines avec le but médicinal de toute loi afflictive?

Le châtiment peut avoir d'autres fins que l'amélio-

(1) Jean Reinaud, *Terre et Ciel*, p. 384.
(2) Ib., p. 408.

ration du coupable, et ces fins également légitimes prévalent, en cas de conflit, sur le caractère médicinal de la loi afflictive.

Les afflictions qui frappent l'homme, sont, en premier lieu, expiatoires et satisfactoires, car Dieu se propose, avant tout, sa propre gloire : le bonheur de l'homme est subordonné à cette fin suprême.

Réparer l'injure faite au Législateur suprême, tel est donc l'effet capital de la peine. Cette peine vindicative découle des droits souverains et primordiaux de l'Etre suprême. *Mihi vindicta, ego retribuam* (1).

L'injure faite à Dieu par le péché est d'autant plus grave que Dieu est plus élevé au-dessus de l'homme. Quand un soldat frappe l'un de ses camarades, le manquement semble léger, et la punition est d'ordinaire insignifiante. Qu'il lève la main contre son général, et ce geste, aussi rapide que la pensée, sera puni de la plus grave des peines, de l'emprisonnement perpétuel ou de la mort. Et le général ainsi outragé, fût-il le plus miséricordieux des hommes, devra, en certaines circonstances, se montrer impitoyable dans l'intérêt même de la discipline militaire et de la patrie. Ainsi en est-il du Dieu des armées.

Le péché n'est pas seulement une injure faite au Législateur suprême, c'est encore un désordre dans le monde moral. Il faut que ce désordre soit réparé.

Le mal moral est la recherche d'un bien interdit. Rechercher ce bien, l'obtenir, le conserver ou en conserver les fruits, ce sont tout autant de désordres.

______

(1) Rom., xii, 19.

Quant au désordre de la volonté libre, il ne peut se corriger sans la volonté elle-même. Si le coupable refuse de revenir à l'ordre, il n'acquiert pas par là le droit au bien qui lui avait été interdit, car le droit n'a pas d'autre source que l'ordre assigné aux êtres par la Providence. La justice demande que l'ordre troublé soit restauré, c'est-à-dire que le coupable soit châtié dans l'objet même de son péché. Et comme une volonté qui se pervertit, affaiblit par cela même, son aptitude à sa fin, et par conséquent ses droits aux moyens préparés par Dieu, le coupable obstiné doit être privé, en sus de l'objet de son crime, de tous les autres biens créés.

Mais, en supposant que le coupable se convertisse, cette conversion ne corrigerait pas le désordre qui consiste dans l'usage irrégulier du bien défendu. La volonté, même redressée, n'empêche pas qu'elle ne doive être dépouillée d'un bien acquis et possédé contrairement à l'ordre souverain institué par le Créateur. Le bien interdit reste interdit. C'est une dette que la conversion n'éteint pas. Rien ne prescrit contre l'ordre : tôt ou tard, si l'on s'est rendu coûpable, il faut être châtié et on le sera.

C'est l'enseignement du Docteur angélique : « L'ordre universel, dit-il, exige que tout soit disposé avec proportion, *nombre, poids et mesure* (1). De même que la récompense correspond aux actes de vertu, le châtiment correspond au crime, et certaines peines perpétuelles sont en proportion avec certains péchés.

____

(1) Sap., xi, 21.

La sagesse de Dieu maintient l'ordre, en infligeant ces peines à ces péchés (1). »

Toute jouissance illégitime doit donc être punie par une douleur correspondante. « Chaque succès des coquins, dit le R. P. de Bonniot, leur imprime une marque indélébile pour les désigner au fouet de la justice éternelle dont elle appelle inévitablement et mesure avec rigueur les coups (2). »

Toutefois, en infligeant des peines purement vindicatives, ce n'est point en elles-mêmes que Dieu se complaît, mais dans la justice qui les exige et dans la restauration de l'ordre universel.

La justice humaine elle-même, pour le maintien de l'ordre, punit et le coupable incorrigible et le coupable décidé à se corriger. Si la correction du criminel était le but unique poursuivi par le code pénal, on ne devrait châtier que les honnêtes criminels qui promettent de s'amender, tandis que les scélérats endurcis, se déclarant incorrigibles, auraient droit à l'impunité absolue. Cette conséquence est d'autant plus absurde que l'obstination dans le mal est ordinairement en raison même de la perversité.

Tantôt le châtiment est pour la purification du coupable, tantôt pour sa dernière condamnation. Quand, parmi les hommes, un père flagelle son fils, c'est pour la correction ; mais lorsque le juge fait pendre un voleur, c'est pour la condamnation finale (3).

(1) *Sum. contra Gentes*, I, III, cap. 144.
(2) *Le Problème du mal*, p. 337.
(3) S. Thomas, Quæst. disp. *De anima*, q. un, a. 21

Enfin, le péché est une révolte dont l'exemple devient contagieux, surtout quand il est impuni. On voit, dès lors, combien il est nécessaire que la loi soit munie d'une sanction proportionnée au délit. Et, en ce sens, il est permis de dire que tous les châtiments sont infligés pour la correction des vices, sans avoir besoin pour cela d'être toujours purifiants ou limités.

« Ainsi, d'après les lois humaines, certains criminels sont punis de mort, non pas assurément pour leur amendement, mais pour celui des autres

« C'est pourquoi il est écrit : *L'homme pernicieux étant châtié, l'insensé sera plus sage* (1). Quelques autres, en vertu de ces mêmes lois, sont exclus de la société par un exil perpétuel, afin que, par leur disparition, la société acquière une plus grande pureté. C'est pourquoi il est dit : *Chassez le railleur, et les disputes s'en iront avec lui : alors les plaintes et les outrages cesseront* (2).

« Quand même les châtiments ne seraient portés que pour la correction des mœurs, rien ne s'oppose donc a ce que, d'après le jugement divin, certains hommes soient à jamais séparés de la société des bons et éternellement punis, dans le double but de détourner les hommes du péché par la crainte d'un châtiment éternel et de rendre la société des bons plus pure encore par cette séparation, comme il est dit dans les Saintes Lettres : *Rien de souillé, ou aucun homme, coupable d'abomination et de mensonge, n'en-*

(1) Prov., xi:, 25.
(2) Prov., xxi, 10.

trera dans la Jérusalem céleste (1), c'est-à-dire dans
la société des bons (2). »

4° OBJECTION.

« Si les lois actuelles de la vie sont instituées de telle sorte
que le criminel, à quelque excès d'égarement qu'il soit parve-
nu, puisse toujours rentrer librement en lui-même, prier, se
repentir, expier, mériter grâce, sur quels motifs conclure que
la mort donne tout à coup naissance à une législation contraire ?
Il est arbitraire de supposer que l'immortalité conserve la vie
sans conserver en même temps la faculté du repentir comme
toutes les autres (3). » Pourquoi l'âme coupable serait-elle
aveuglée plus irrémédiablement après avoir passé par la mort
qu'elle ne l'était auparavant ?

Il ne répugne nullement que Dieu ait accordé un
certain temps, tel que la vie présente, passé lequel
il ne reste aucun espoir de pardon pour les pécheurs,
car si Dieu épargnait toujours, la vie présente serait
sans but et, par cette impunité, Dieu lui-même pro-
voquerait efficacement à pécher.

De fait, la Sagesse suprême a trouvé bon de donner
aux hommes un petit délai pour avoir le temps de
se repentir. Un sursis est généralement accordé à
l'âme coupable. Si chaque action, vertueuse ou vi-

(1) Apoc., xxi, 27.
(2) *Sum. contra Gentes*, l. iii, cap. 144.
(3) J. Reynaud, *Terre et Ciel*, p. 393.

cieuse, était payée ou punie sur-le-champ et tem-
porellement, l'ordre moral disparaîtrait entièrement.

« Si le coupable, dit Joseph de Maistre, était toujours frappé au moment même où il le devient : il
n'y aurait plus ni vice ni vertu, puisque l'on ne
s'abstiendrait du crime que comme l'on s'abstient
de se jeter au feu.

« La loi des esprits est bien différente : la peine est
retardée, parce que Dieu est bon; mais elle est certaine, parce que Dieu est juste (1). »

L'action préventive ne doit pas seulement s'opposer au développement du mal, mais se garder de
toute influence nuisible au développement de la liberté morale : les âmes courbées sous l'habitude
d'une terreur trop vive s'amortissent bientôt; absor-
bées par la crainte de mal faire, elles tremblent, se
resserrent et ne tardent pas à perdre tout ressort et
toute activité.

Dieu respecte notre liberté. *Il a créé l'homme au
commencement et l'a laissé entre les mains de son
conseil* (2). La vie présente est la période de formation et d'épreuve. Mais il faut un terme à ce sursis.
La phase initiale et préparatoire ne se conçoit pas
sans un état final et définitif, c'est-à-dire sans la
phase de maturité et de rétribution, car une épreuve
indéfinie ou sans fin serait un mouvement sans but,
une tendance sans objet, une responsabilité sans
compte à rendre.

La possibilité de la conversion appartient donc es-

(1) *Délai de la justice divine*, XXI.
(2) Eccl., XV, 14.

sentiellement à la première phase de l'existence. A quel moment précis finit cette phase ? Là est la question.

C'est à la révélation divine et à la raison humaine d'y répondre.

D'après la révélation, l'heure de la mort est l'heure des comptes définitifs. « Ne perdez pas le souvenir du mal au jour heureux, ni le souvenir du bien au jour malheureux, car il est aisé à Dieu de rendre à chacun au jour de sa mort selon ses voies (1). »

«La vie de l'homme sur la terre est un combat ; et ses jours sont comme les jours du mercenaire (2). »

Or, « le prix du mercenaire ne doit pas être retardé (3). »

« Après la mort de l'impie, il n'y a plus d'espérance (4). »

« Les méchants, dit Job, passent leurs jours dans les richesses et dans un clin d'œil ils descendent aux enfers (5). »

« Le riche mourut, dit Jésus-Christ, et il fut enseveli dans l'enfer (6). »

Et l'Eglise, gardienne infaillible de la révélation, déclare que « selon l'ordination commune de Dieu, les âmes de ceux qui meurent dans un péché mortel

(1) Eccl., xi, 27-28.
(2) Job, vii, 1.
(3) Levit., xix, 13.
(4) Prov., xi, 7.,
(5) Job. xxi, 13.
(6) Luc., xvi, 2.

actuel, aussitôt après leur mort, descendent aux enfers, où elles enduront les peines infernales (1). »

Les Saints Pères ne cessent de prêcher l'impossibilité d'une conversion après la mort.

« Faisons pénitence, dit saint Clément de Rome, pendant que nous sommes en ce monde et que nous avons le temps de nous repentir, car, après cette vie, il n'y a plus ni confession, ni pénitence (2). »

Si le repentir nous eût été possible dans l'éternité, nous aurions gaspillé le temps. Et comme l'éternité est interminable, à quel moment aurions-nous commencé à nous repentir? Peut-être jamais, puisque après tout nous avions bien le temps.

L'instant qui termine cette vie, fixe donc le sort de l'homme sans retour. Nous en trouvons la raison dans notre nature elle-même.

La mort détruit le composé qui constitue l'homme. Or, c'est à ce composé que s'adresse la loi. Il appartient donc au composé humain de se repentir et de satisfaire pour le péché. La séparation de l'âme et du corps exclut par conséquent toute possibilité de conversion et d'amendement. S'ensuit-il que l'âme ait perdu sa liberté? Pas le moins du monde. L'acte par lequel le juste, arrivé au terme de sa formation, adhère à Dieu, est perpétuellement identique à lui-même, c'est un seul et même acte sans succession intime, se produisant dans une sorte d'éternité. Voilà pourquoi tout libre qu'il est, il échappe à la possibilité du changement.

(1) Benoît XII, Constitution : *Benedictus Deus.*
(2) *Epist. 2 ad Cor.*, n. 8.

Il en est de même de l'acte par lequel le réprouvé se sépare de Dieu. Cet acte est libre, parce qu'il a dépendu de la volonté du méchant qu'il fût ou qu'il ne fût pas; il ne cesse pas d'être libre parce qu'il dure toujours, car le *toujours* est dans sa nature.

« Quand une erreur est passée à l'état de principe, l'intelligence est incapable d'arriver à la vérité partout où s'étend ce faux principe. L'amour de Dieu, par exemple, est un principe universel dans l'ordre des opérations morales. Une fois éteint par la haine de Dieu, qui est le fond du péché mortel, il n'y a plus rien dans l'âme où cet amour puisse se rallumer. Or, la haine et l'orgueil, poussés à leur degré suprême, résument l'état moral du damné : le dévoyé déteste Dieu et se met au-dessus de Dieu ; c'est son péché permanent et habituel. L'estime et l'amour de soi est son principe d'action ; la satisfaction de l'orgueil et de la haine, c'est là son motif suprême. Ce motif toujours présent et identique produit infailliblement l'entêtement et l'obstination.

« La haine du bien absolu infecte toute la puissance d'aimer et n'y laisse rien de sain où l'amour puisse germer. Ivre d'orgueil, le damné tient par-dessus tout à l'indépendance de sa volonté : sa gloire est de ne se soumettre jamais. Mais cette indépendance n'est-elle pas un don de Dieu ? Alors il souhaite d'être anéanti. Ce souhait est bien à lui, lui seul a pu le faire naître. Par là, il ne voit personne au-dessus de lui. Déjà, même ici-bas, la grâce est parfois opiniâtrément rejetée : les pécheurs seront-ils plus dociles lorsque ces passions seront dans une effervescence excessive et continue ? La grâce leur serait inutile ; aussi bien Dieu ne l'offrira pas.

« Le damné obstiné parce qu'il veut l'être, subira toujours les effets d'une déviation qu'il ne redressera jamais. La liberté est toujours sauve. (1). »

Le caractère propre du libre arbitre est de choisir. Ce choix s'exerce, non sur la fin dernière, mais sur les moyens qui conduisent à cette fin. Et de même que le désir du bonheur en général, quoique provenant d'une volonté immuable, n'est point opposé au libre arbitre, ainsi la volonté peut se porter immuablement vers tel objet déterminé, comme à la fin dernière, sans que cependant le libre arbitre soit blessé.

Les âmes des bons, toujours libres, adhéreront immuablement à Dieu qui est la fin choisie par eux en cette vie. Les âmes des méchants adhéreront immuablement à la fin indue qui fut ici-bas l'objet de leur choix.

Il n'y a donc qu'un temps et qu'une heure pour être admis au banquet. L'heure passée, la porte est close. Il est trop tard. A ceux qui viennent frapper, on n'ouvre plus : « Je ne vous connais pas », répond l'Époux. Or, ce temps, c'est la vie terrestre.

Chacun des divers âges de la vie renferme quelque chose de divin propre à nous faire au cœur la blessure de la vérité. « La mort, dernier instrument de la Providence, jettera à l'homme un suprême appel. Si après tant de jours qui ont sollicité son âme,

____

(1) Voir le R. P. DE BONNIOT : *Le problème du mal*, p. 316-324.

celui-là le trouve insensible, il est confirmé dans le
mal. Son cœur est jugé. Entre lui et Dieu, il
faut une conclusion. »

5ᵉ OBJECTION.

Pourquoi Dieu ne pardonnerait-il pas au pécheur ? « Dieu
est si grand que toute offense lui est petite, et sa magnanimité,
loin de s'irriter des injures, n'en a que pitié... Et ne dites pas
que si Dieu refuse la faculté du repentir aux trépassés, c'est
que sa miséricorde s'est lassée : ce qui est infini, ne se lasse
pas (1). »

La bienveillance ou la bonté relative de Dieu
n'est autre chose que le désir sincère de commu-
niquer le bonheur, à ses créatures d'après leur nature et selon ses desseins. Ce même désir s'appelle
miséricorde en tant qu'il porte Dieu à chasser la
misère loin de ses créatures. « *Le Seigneur est suave
pour tous et ses miséricordes s'étendent sur toutes
ses œuvres* (2). »

Chacun des attributs divins est infini en soi, mais
n'est pas et ne peut pas être infini dans sa manifes-
tation et son application aux créatures. Les effets
sont nécessairement finis.

Or, ce n'est pas à la créature à prescrire le degré
et le mode suivant lesquels Dieu doit lui communi-
quer sa bonté. De même que Dieu se manifeste li-

(1) J. REYNAUD, *Terre et Ciel*, p. 381 et 394.
(2) Ps. CXLIV, 9.

brement au dehors, *ad extra*, il se manifeste librement au degré qu'il veut. Il donne à tous les moyens nécessaires pour se sauver. Si, par sa résistance à la bonté et à la miséricorde divines, une créature abuse des moyens de salut et s'établit elle-même dans l'état de perdition, on ne peut assurément accuser Dieu de ce que cette créature persévère à jamais dans l'état de perdition.

« *Le Seigneur est miséricordieux et juste... La miséricorde et la vérité se sont rencontrées : la justice et la paix se sont embrassées* (1). » Opposer la justice à la bonté comme si elle lui était contraire, c'est détruire l'idée de Dieu puisque les attributs divins sont unis et identiques.

Dieu doit être miséricordieux surtout envers les justes. Or il ne le serait pas si les souffrances des justes devaient ne compter pour rien. Si les martyrs et leurs bourreaux devaient un jour jouir du même bonheur, comment leur sang serait-il vengé (2) ? La miséricorde elle-même réclame donc l'enfer.

Il serait absurde de vouloir s'appuyer sur la grandeur de Dieu pour conclure que toute offense à son égard est de peu d'importance.

Dieu est grand en justice, en sagesse et en sainteté. Il est infiniment opposé à l'injustice, mais il ne s'ensuit pas qu'il y soit indifférent. Il est infiniment sage, mais cela ne suffît pas pour prouver qu'il n'a établi aucun ordre parmi ses créatures intelligentes. Il est infiniment saint : mais ce n'est pas une raison qui

(1) Ps., LXXXIV, 11.
(2) Apoc. VI, 10.

nous oblige à croire qu'il encourage le vice pa.
l'assurance de l'impunité.

Un pardon pur et simple rendrait la mo a'e inutile, puisqu'on ne serait ni plus ni moins a.ancé à
la violer qu'à l'observer. Le scélérat et le saint ne
peuvent se rencontrer, en faisant celui-là le mal,
celui-ci le bien, et l'ennemi suprême du vice ne
peut les réunir dans un commun embrassement.

L'Évangile nous en avertit :

« *Déjà la cognée est à la racine des arbres ; tout
arbre donc qui ne produit point de bon fruit sera
coupé et jeté au feu* (1). » Et un peu plus loin : « *Le
Christ a le van à la main, et il nettoiera parfaitement
son aire ; il amassera son blé dans le grenier ; mais
il brûlera la paille dans un feu inextinguible* (2). »

Le Législateur suprême ne saurait sanctionner,
par une criminelle complaisance, la violation de la
loi morale.

Sans doute, Dieu peut substituer le pardon au
châtiment, mais le pardon est essentiellement lié au
repentir.

Quelle est, en effet, la voie qui conduit l'âme à sa
fin dernière ? C'est la loi morale. On ne viole cette
loi que par un écart de la volonté. L'âme ne pourra
donc trouver sa fin que par le redressement et l'application de la volonté, c'est-à-dire par le repentir.

Mais le repentir est un acte libre. Dieu n'entre
point dans notre cœur de vive force. Sa bienveillance
infinie, toujours en harmonie avec les autres perfec-

(1) Matth., iii, 10.
(2) Ib., iii, 12.

tion divines, doit donc s'arrêter devant une résistance obstinée, d'autant plus qu'un pardon imposé ne ferait qu'augmenter le supplice des réprouvés.

« La haine volontaire du bien dans les réprouvés étant donnée, on ne conçoit pas la bonté d'un pardon qui non seulement serait repoussé, mais qui deviendrait, s'il pouvait être imposé, un supplice plus grand que la peine même. Le ciel serait pire que l'enfer pour les damnés, et ils le rendraient tel pour les élus mêmes. La bonté de Dieu, à l'égard des uns comme à l'égard des autres, réclamerait donc autant que sa justice contre un désordre aussi épouvantable (1). »

6ᵉ OBJECTION.

Dieu n'est-il pas par nature un Père trop tendre pour condamner l'homme à l'enfer ! Quelle est la mère qui jetterait dans le feu son petit garçon pour une désobéissance d'étourdi !

L'homme ne porterait jamais une sentence semblable, à plus forte raison, Dieu ne la portera pas. « Dieu est père, dit Jean Reynaud (2), plus encore qu'il n'est roi. Vous l'outragez implicitement, en permettant à l'homme de sentir plus de clémence et de mansuétude dans sa propre nature que vous ne lui en découvrez dans celle de l'Etre infini. »

A proprement parler et indépendamment de l'ordre surnaturel que les incroyants rejettent, Dieu

(1) A. NICOLAS : *L'art de croire*, t. I, p. 263.
(2) *Terre et Ciel*, p. 382.

n'est pas notre Père, mais notre Créateur. Les chrétiens seuls sont ses enfants d'adoption.

On ne peut assimiler le tribunal de Dieu à celui des hommes, sans comparer des situations disparates. A Dieu seul la sentence définitive : *mihi vindicta.*

La culpabilité propre de l'homme fait tort à l'impartialité de ses décisions. Il ne peut, comme Dieu, scruter les intentions, peser la gravité de chaque. faute, en apprécier les motifs et en mesurer les conséquences.

Tant qu'il vit, le pécheur a la faculté de rentrer en grâce avec Dieu. Mais, après la mort, quel serait le jugement de la justice humaine, si elle avait l'intuition immédiate de la perversité foncière d'un esprit obstinément rebelle à Dieu ?

Il ne faut pas oublier qu'en Dieu, la justice et le sentiment de son autorité souveraine pénètrent et règlent tous ses autres attributs. Ici-bas, c'est le règne de la bonté ; après la mort, c'est l'heure de la justice.

Une mère, dit-on, ne jetterait pas son enfant dans le feu pour une désobéissance d'étourdi.

La clémence de Dieu est plus grande encore : il ne jette personne dans le feu.

Mais pourrait-on accuser de cruauté une mère dont le fils, s'échappant par force de ses bras, courrait malgré elle et malgré ses cris, se jeter dans le feu ? Dieu ne jette personne en enfer ; c'est le pécheur qui creuse son enfer, sa perte est son œuvre et comme crime et comme châtiment : *Perditio tua ex te.* Le péché proprement dit, qu'est-il en réalité, sinon la séparation de l'âme d'avec Dieu ? Est-ce Dieu qui se sépare de l'âme ? Non. Les esprits ne sont unis que par l'intelligence et la volonté. Or, c'est l'âme elle-même qui, par une pensée opposée à la pensée infinie et par une volonté contraire à la volonté essentiellement ordonnée, se sépare de Dieu. La pensée et le sentiment, ces deux ailes qui devaient porter l'âme vers l'Être infini pour l'unir à lui, l'âme les a déployées pour s'en éloigner à jamais. Aux avances multipliées de son Créateur, le pécheur a répondu par ses multiples refus. L'amour divin, se voyant sans cesse rebuté et outragé, abandonne ce monstre d'ingratitude à son sens réprouvé. C'est alors seulement que la séparation devient irrévocable. Qui donc a voulu cette séparation ? C'est l'âme elle-même. Mais l'enfer n'est autre chose qu'une séparation éternelle d'avec Dieu, il est donc rigoureusement vrai de dire que l'enfer, c'est le péché et que, par conséquent, le pécheur creuse lui-même son enfer.

Le cœur de l'homme, par une indulgence excessive parce qu'elle est intéressée, n'est pas satisfait encore. « Je ne puis croire, dit M. Farrar (1), que Dieu abandonne une créature après l'avoir tant aimée. »

Cet abandon suprême s'impose non seulement à la justice et à la sagesse, mais à la sainteté de Dieu. L'Être infiniment saint éprouve une répulsion infinie pour la corruption que produit dans l'âme le péché.

____

(1) *Éternelle espérance.*

mortel, et, quand il rejette loin de lui l'être fonclè-
rement corrompu, gardons-nous d'accuser sa bonté.

Considérez et admirez l'amour de la mère pour
son enfant. L'enfant est au berceau. Oh ! sa mère ne
l'oubliera pas. Quelle vigilance! quelle délicatesse!
L'enfant a grandi, il est loin du foyer paternel : le
cœur de la mère le suit partout. Mais, hélas ! cet
enfant chéri est étendu sur un lit de douleur. La
mère est là. Elle néglige tout pour s'occuper du cher
malade. Elle ne dort plus. A peine prend-elle quelque nourriture, sans jamais perdre de vue l'objet de
son amour qu'elle dispute à la mort. La mort s'avance à grands pas. Les angoisses de la mère sont indi-
cibles et cependant elle garde l'espérance. Et quand
la mort est venue frapper sa victime, on voit encore
la mère pressant son enfant sur son cœur et déposant
sur ses lèvres des baisers brûlants d'amour. Elle ne
peut croire au trépas ou, du moins, elle espère le
rendre à la vie.

Pauvre mère !... Quelques heures se passent et on
est obligé de couvrir d'un voile le visage de ce cadavre. Et demain, la mère elle-même, dont le dé-
vouement est si sublime et l'affection si tendre,
demandera qu'on fasse disparaître de ses yeux ce
cadavre en proie déjà à la décomposition. Qui donc
aurait le triste courage de taxer de cruauté la conduite de cette mère ?

C'est ainsi que Dieu agit à l'égard du pécheur. Le
péché *mortel*, comme son nom l'indique, donne la
mort à l'âme, et l'effet le plus terrible de cette mort
spirituelle, c'est la corruption.

Plus une nature est élevée, plus affreuse est sa corruption : *Corruptio optimi pessima.*

Personne ne l'ignore. Un végétal en décomposition inspire moins d'horreur que la brute. La corruption de la brute est, à son tour, moins horrible que celle d'un cadavre humain, parce que le corps de l'homme est supérieur encore à celui de la bête. Que dire donc de la corruption d'une âme ! Or, Dieu voit l'âme pécheresse et impénitente dans tous ses replis et il la voit dans toute sa laideur et sa corruption.

Voilà pourquoi Dieu la rejette : « *Retirez-vous de moi.* » Et, comme le pécheur a délibérément et obstinément outragé une personne d'une dignité infinie, son châtiment sera également illimité, du moins quant à la durée.

On ne saurait donc sans injustice accuser la bonté divine. « *Dieu veut que tous les hommes soient sauvés* (1) » et, dans ce but, « *il a livré son Fils pour nous tous* (2). » Ce qui le prouve encore ce sont les bienfaits qu'il accorde à tous sans exception, les promesses qu'il fait aux pécheurs, le châtiment dont il les menace, les remords qu'il leur inspire, la patience avec laquelle il les souffre et dont les incrédules se scandalisent.

Mais il ne peut nous sauver sans que nous cessions de marcher dans la voie qui conduit à la damnation. Prétendre l'obliger de sacrifier sa justice à notre mauvais vouloir, c'est oublier qu'il ne peut être bon sans être ennemi du mal ; qu'il ne peut être ennemi

(1) 1 Tim., ii, 4.
(2) Rom., viii, 32.

du mal sans le combattre ; qu'il ne peut le combattre qu'en le punissant. C'est l'enseignement de la raison elle-même parlant par la bouche des plus grands génies dont s'honore l'humanité.

« Dieu n'est l'auteur du bien, dit Tertullien, qu'autant qu'il l'exige ; il n'est étranger au mal qu'autant qu'il en est l'ennemi ; il n'en est l'ennemi qu'autant qu'il le combat ; il ne le combat qu'autant qu'il le punit. C'est ainsi que Dieu est tout bon, puisqu'il est tout pour le bien. Les maux de châtiment ne sont donc des maux que pour ceux qui les subissent ; mais en eux-mêmes ce ne sont que des biens, parce que ce sont des maux justes, des maux garantissant la vertu et effrayant le crime, et, à ce point de vue, ils sont tout à fait dignes de Dieu (1). »

« La bonté parfaite de Dieu, dit saint Thomas, ne peut laisser aucun désordre dans les êtres. Au sein de la nature, le mal fait partie d'un ordre excellent. Les actes humains ainsi que les phénomènes de la nature, tout est soumis à la divine Providence. Le mal contenu dans les actes humains doit donc rentrer dans l'ordre du bien. C'est par le châtiment que les excès rentrent dans l'ordre de la justice (2). »

Bossuet dit à son tour : « L'amour outragé par le plus injurieux mépris fait tarir la source des grâces et ouvre celle des vengeances.

« Qui donne a droit d'exiger : il exige des reconnaissances ; s'il ne trouve pas des reconnaissances, il exigera des supplices ; il ne perd pas ses droits,

_____

(1) *Cont. Marc.*, l. II, c. 13 et 14
(2) *Sum. contra Gentes*, l. III, c. 110.

« Il est juste que sa fureur implacable perce
d'autant de traits un cœur infidèle, que son amour
bienfaisant avait employé d'attraits pour le gagner...
Dieu ne cessera de les frapper de cette main souveraine et victorieuse dont ils ont injurieusement refusé
les dons ; et ses coups redoublés sans fin leur seront
d'éternels reproches de ses grâces méprisées (1). »

Dieu, dit-on, ne nous a pas faits pour nous damner.

Il ne nous a pas faits non plus pour l'offenser.
Vous renversez toutes ses vues ; de quoi vous plai-
gnez-vous, s'il change à votre égard tout l'ordre de
la Providence ? Quoiqu'il ne vous ait pas faits pour
l'offenser, vous l'offensez ; ne vous étonnez plus que,
quoiqu'il ne vous ait pas faits pour vous damner, il
vous damne.

Mais Dieu, qui est bon, peut-il nous damner pour
un seul péché mortel ?

— La Providence n'épie pas la minute de nos
manquements pour en faire la minute de notre mort
et de notre réprobation. Une seule faute grave sépare l'homme de la communion divine, et l'expose, s'il
meurt en cet état, au sort des réprouvés. Il n'est
pas de foi néanmoins que Dieu poursuive les obser-
vateurs de ses commandements d'une vigilance in-
quiète et sombre, n'attendant que l'heure d'une chute
passagère pour les précipiter dans l'abîme d'une
mort sans pardon. Toute l'Ecriture est pleine des
patiences de Dieu, même à l'égard des plus grands
pécheurs, et il n'est pas un de nous qui n'ait eu dans
sa vie la preuve de cette miséricordieuse longani-

1) *Les Fondements de la vengeance divine*, 2ᵉ point.

mité. « Tout homme qui périra, périra malgré les efforts de Dieu ; il périra convaincu d'ingratitude, rejeté non par hasard, mais par l'opiniâtreté de son mauvais vouloir (1). »

Le pécheur, se séparant lui-même de Dieu, se résignerait assez facilement à cette séparation, mais il voudrait, du moins, être à l'abri du feu infernal.

« Pourquoi, dit-il, les adultes coupables d'un péché mortel seraient-ils condamnés aux feux de l'enfer, alors que les enfants, morts avec le seul péché originel, sont simplement exclus de la vue de Dieu ? »

— Il y a un abîme entre l'homme qui, de propos délibéré, se révolte contre son Créateur, et l'enfant auquel ses parents, déchus de leur état originel, viennent de transmettre une nature dépouillée de la grâce sanctifiante. Que les descendants d'un favori traître à son roi soient exclus avec lui de sa cour, rien de plus juste. Mais il est clair que *tous* les châtiments mérités par le père ne retomberont pas sur les fils.

« *Dieu rendra à chacun selon ses œuvres : la vie éternelle à ceux qui font le bien patiemment dans la recherche de la gloire, de l'honneur et de l'incorruptibilité ; mais, au contraire, la colère et l'indignation sont réservées à ceux qui, refusant de se rendre à la vérité, mettent leur confiance dans l'iniquité (2).* »

« *Vous êtes juste, Seigneur, et votre jugement est la droiture même (3).* »

(1) MONSABRÉ : *Carême 1889*, 2ᵐᵉ instr.
(2) Rom., II, 6-8.
(3) Psalm., CXVIII, 137.

7ᵉ OBJECTION.

Pourquoi Dieu crée-t-il des âmes dont il prévoit la damnation éternelle? Pourquoi ne les laisse-t-il pas dans le néant? Que penser d'un gouvernement providentiel sous lequel peuvent se produire de tels désastres que la perte irrémédiable de tant d'âmes? Est-ce que Dieu ne doit pas à ses attributs de ne pas créer des esprits dont il prévoit des actes coupables, dignes de l'enfer? « Quand il s'agit d'âmes immortelles, dit M. Carrau (1), Dieu n'a pas le droit de sacrifier avec indifférence les pures aux meilleures, et s'il a pu prévoir que le plus grand nombre des volontés libres, succombant dans l'épreuve, deviendrait la proie d'un malheur éternel, la conscience demande pourquoi la pitié souveraine n'a pas tout au moins refusé le funeste bienfait de l'existence aux déshérités du genre humain. »

Je réponds d'abord qu'il n'est pas démontré que « le plus grand nombre devienne la proie d'un malheur éternel. » Dieu ne sacrifie personne.

L'impénitent avorte totalement par l'acte final de mauvais vouloir qui clôt la série de ses actions méritoires en même temps que la mort brise l'union de son âme et de son corps. Qu'un individu s'arrache les yeux, aura-t-il le droit de se plaindre?

L'enfer est une conséquence du crime, qu'il fait rentrer dans l'ordre, autant qu'il y peut rentrer. Cet ordre, tel qu'il est, est infiniment préférable au désordre, et l'enfer infiniment préférable au mal moral.

(1) *La philosophie religieuse en Angleterre* p., 57.

L'enfer a un rang dans la hiérarchie de l'être, le mal moral est au-dessous du néant.

Par conséquent, si, sans manquer de bonté, Dieu a pu créer les hommes qu'il prévoyait devoir tomber dans le péché, mal essentiellement désordonné, à plus forte raison a-t-il pu sans manquer de pitié créer les hommes qu'il prévoyait devoir tomber en enfer, mal physique très justement ordonné pour ramener à l'ordre le mal moral.

Un Dieu infiniment bon, dit-on, se serait plutôt abstenu de créer des êtres qu'il aurait prévu devoir mériter le supplice éternel.

— Pourquoi ne dites-vous pas aussi qu'il a dû s'abstenir de créer des êtres qu'il a prévu devoir naître dans les pleurs, vivre dans les travaux, mourir dans de cruelles angoisses ? Un mal temporel est moins qu'un mal éternel, mais si l'idée d'un Dieu infiniment bon exclut celle d'un malheur éternel, elle exclut aussi celle d'un malheur temporel, puisque, d'après le même principe, un Dieu qui exclut hors de lui jusqu'à la plus petite douleur, même l'égratignure d'une épingle, est encore meilleur que celui qui ne l'exclut pas.

Or, l'idée d'un Dieu infiniment bon, en nous montrant qu'il n'y a en lui ni mal moral ni mal naturel, est loin d'exclure le dogme des peines telles que la mort, les maladies, la peste, la guerre, etc. Donc, elle n'exclut pas davantage le dogme des peines éternelles.

Mais Dieu ne pouvait-il pas ne choisir que des bons pour en composer le genre humain ?

— Remarquons d'abord que si, en vertu de ses

perfections, Dieu ne pouvait créer aucun esprit dont il prévoit l'impénitence finale, tous les esprits créés seraient infailliblement certains de leur bonheur éternel. Et, dans ce cas, plus de morale, car la seule existence contiendrait la légitimation anticipée de tous les excès.

« Demander que les méchants soient supprimés, dit excellemment le R. P. de Bonniot, c'est demander que l'ordre naturel de l'évolution spécifique du genre humain soit supprimé ou profondément troublé, c'est-à-dire une chose impossible au sens de l'hypothèse. Dieu aurait pu ne pas créer notre genre humain ; mais le créant, il n'a pas pu le créer autre qu'il n'est : retoucher son plan, c'est le détruire (1). »

En effet, chacun des hommes est un anneau d'une chaîne remontant au premier homme : il descend d'une série d'ancêtres, et un grand nombre deviennent à leur tour, les ancêtres d'une série de descendants. Or un scélérat peut être le père d'un saint et un saint le père d'un scélérat. Dans le champ de l'humanité, l'ivraie naît du froment, comme le froment naît de l'ivraie.

On ne peut toucher à l'ivraie sans toucher au froment, ni arracher l'une sans les arracher tous les deux. Pourquoi ? Parce que Dieu a créé le genre humain, c'est-à-dire le premier couple avec la faculté et l'ordre de se reproduire. Les descendants des premiers parents sont donc le fruit de décrets humains, moyennant le concours efficace des lois générales de l'évolution vitale dans le règne animal.

(1) *Le Problème du mal*, p. 209.

Sans doute Dieu crée l'âme, mais cette création est subordonnée au fait humain et libre de la génération et la formation du corps appelle infailliblement la présence de l'âme.

Toutefois, comme l'amour s'adresse de personne à personne, l'amour du Créateur pour les hommes ne s'arrête pas à l'espèce, mais atteint la personne individuelle, pour l'appeler à l'existence par son nom propre. On peut comparer les hommes à des nageurs dont le corps est plongé dans un flot mobile et dont la tête, s'élevant au-dessus des eaux, respire dans une atmosphère immobile. Ainsi le Créateur conduit tous les hommes en dirigeant le cours du fleuve générateur qui les entraîne, mais son doigt s'applique immédiatement sur chaque front et à chacun il peut dire : *Je t'ai aimé d'un éternel amour* (1).

D'après le plan divin, les hommes ne forment qu'un seul tout dont les parties sont solidaires. Les bons et les mauvais descendent les uns des autres. Dieu ne pouvait supprimer ou conserver les uns sans supprimer ou conserver les autres.

Assurément, il n'aurait pas créé notre genre humain, s'il n'avait dû renfermer que des scélérats. Mais, supposé l'existence d'un seul juste, ce juste ne pouvait être sacrifié au nombre et à la malice des méchants.

Convenait-il à la justice, inséparable de la bonté, que les bons fussent privés d'un bien, l'existence, dont les méchants devaient abuser? Suivant

(1) Jerem XXXI, 3.

l'ordre de sa sagesse, Dieu créera quand même notre genre humain, car, ce n'est pas dans la perversité de ses créatures qu'il puise la règle de ses desseins, c'est uniquement dans sa bonté. Haïr le mal, c'est aimer le bien. Le *bon* Dieu laisse subsister le mal à côté du bien comme le bon père de famille laisse l'ivraie à côté du froment, de peur qu'en arrachant l'ivraie, on ne déracine en même temps le froment (1).

8ᵉ OBJECTION.

C'est en usant de la liberté que la créature se met dans l'état de péché qui est le pire de tous. Pourquoi la donner à l'homme qui doit en abuser ? « Il n'y a pas de bon père de famille, dit Diderot, qui voulût ressembler à notre Père céleste. » Aurait-il le courage de mettre un coutelas entre les mains de son enfant ?

Quel bon père de famille que celui qui pour empêcher son fils de se tuer, s'empresserait de lui tordre le cou ! Sans la liberté l'homme ne serait plus : raison et libre arbitre sont essentiellement unis. La volonté est constituée indépendante, par cela seul qu'elle est dans un sujet dont l'intelligence s'élève jusqu'à l'universel et comme à son objet propre. Oter à l'homme sa liberté, c'est lui ôter sa

(1) S. Matth , xiii, 24-30.

nature d'homme : c'est pis que de le tuer, c'est l'empêcher d'être.

La nature spirituelle implique la volonté, la volonté implique la liberté, et la volonté finie implique la possibilité de la défaillance.

La possibilité du péché, corollaire de la création des êtres libres c'est-à-dire des esprits, est donc la condition de la supériorité de notre nature et de notre félicité. Comme la vertu ne fleurit que sur la liberté, la liberté est le don de choix que l'homme a reçu de Dieu : il est, par elle, le souverain de sa vie personnelle constituée par ses déterminations, comme Dieu est le souverain des phénomènes de l'univers.

Dieu n'est pas tenu de nous ôter la liberté qui est pour nous le plus précieux de tous les dons naturels.

La possibilité de pécher, fondée sur l'existence d'un être fini, sur la liberté, sur la loi morale, ne révèle-t-elle pas la bonté de Dieu ? Dieu ne pourrait-il créer des natures libres ? N'est-ce pas sur sa propre bonté, plutôt que sur le mauvais vouloir de quelques-unes de ses créatures, que Dieu doit régler sa conduite ? La malice de la créature doit-elle l'emporter sur la bonté de Celui qui est absolument indépendant ?

« Murmurer de ce que Dieu n'empêche pas l'homme de faire le mal, dit J.-J. Rousseau (1), c'est murmurer de ce qu'il l'a fait d'une nature excellente, de ce qu'il a mis à ses actions la moralité qui les enno-

____

(1) *Emile*, liv. IV, ch. 61.

blit, de ce qu'il lui donna droit à la vertu. Que pouvait de plus en notre faveur la puissance divine? Pouvait-elle mettre de la contradiction dans notre nature et donner le prix d'avoir bien fait à qui n'eût pas le pouvoir de mal faire? Quoi! Pour empêcher l'homme d'être méchant, fallait-il le borner à l'instinct et le faire bête?»

Il ne faut pas, d'ailleurs, que l'innocent paie pour le coupable. Or, la suppression de la liberté est la suppression des êtres libres, des bons comme des mauvais.

«Blasphémer contre Dieu, dit Donoso Cortès (1), parce qu'il a fait l'enfer, c'est blasphémer contre Dieu parce qu'il a fait le ciel, et se plaindre de ce qu'il nous a laissé la liberté de nous perdre, c'est se plaindre de ce qu'il nous a donné le moyen de nous sauver.»

La faculté de se sauver suppose nécessairement la faculté de se perdre, et le ciel non moins nécessairement suppose l'enfer.

Dira-t-on que le temps de cette vie ne suffit pas au plein exercice d'une liberté dont les résultats doivent être éternels? — C'est au Seigneur qui nous impose l'épreuve d'en fixer la durée.

L'épreuve terrestre met en face du pécheur le bien comme le mal, le ciel et l'enfer, il peut choisir; et c'est de propos délibéré que, pour quelques bagatelles, il rejette l'amitié de Dieu.

On peut toujours être prêt à comparaître devant le Juge suprême et le temps n'est pas nécessaire pour

____

(1) *Essai sur le Catholicisme*, l. II, t. III, p. 182.

éviter la damnation éternelle. Un domestique ren-
voyé pour abus de confiance peut-il s'excuser et
dire que le temps lui a manqué pour être honnête ?
Il en est de même de nous vis-à-vis de Dieu.

« D'ailleurs, que l'épreuve dure peu, n'est-ce pas
un immense avantage pour un combattant, qui a
dans ses mains le prix de la victoire ? N'est-il pas
heureux, celui qui, au lieu d'entrevoir une lutte se
prolongeant à travers les siècles, sait qu'à le vouloir
il triomphera en un instant, et se sent soutenu, dans
ce rapide effort, par la double perspective d'un bonheur infini à conquérir, d'un enfer éternel à
éviter (1). »

9ᵉ OBJECTION

Pourquoi Dieu, qui est tout-puissant, n'intervient-il pas
toujours pour empêcher le mal que les créatures libres sont sur
le point de produire ? Ne pourrait-il pas tellement préparer les
préambules de l'acte libre, que cet acte, toujours libre, ne fût
cependant jamais mauvais ?

La réponse du R. P. de Bonniot à cette question
est péremptoire (2). Nous la reproduisons en la
résumant

(1) P. F. TOURNEBIZE : *Etudes religieuses*, 15 mai 1894
t. LXII, p. 42.

(2) Voir le *Problème du mal*, p. 234-254.

Il ne s'agit pas ici de la grâce qui est essentiel-lement gratuite. La grâce est Dieu se donnant à sa créature : or l'infinie bonté de Dieu ne l'oblige point de se mettre tout entier dans chacun de ses dons, sinon l'ordre de la création et la création elle-même seraient impossibles.

Avant notre indéfectibilité, Dieu veut ses pro-priétés ; la liberté de choisir entre les mondes pos-sibles, la sagesse de forger la chaîne progressive des existences et la libéralité se réglant sur le sou-verain Bien.

Il y a dans l'homme une double loi : la loi phy-sique et la loi morale. Comme animal, il cherche le bien sensible, comme intelligence, il doit chercher le bien raisonnable.

Le conflit entre les tendances au bien sensible et l'obligation de pratiquer le bien moral : voilà la tentation. C'est une occasion de désordre moral, mais aussi l'occasion et presque la matière de la vertu. La tentation est une conséquence naturelle d'une loi de l'organisme vivant. C'est pourquoi nous demandons à Dieu, non de nous en délivrer, mais de ne pas y céder.

Telle est la nature de l'homme. Or la Providence ne peut gouverner les êtres que conformément à leurs natures, puisqu'elle consiste à protéger l'évo-lution de leurs facultés.

Tout ce qui troublerait cette ordonnance est donc contraire à la volonté de Dieu clairement marquée dans son œuvre. La puissance infinie de Dieu ne va pas jusqu'à la contradiction : le fait de la nature humaine et de l'univers, terme d'un acte spécial de la volonté de Dieu, est absolument incompatible avec tout autre fait qui supposerait en Dieu un vouloir contradictoire.

Or, sans se contredire, Dieu ne pouvait empêcher la liberté humaine de pécher, ni par la suppression des tentations dans le sujet, ni par la suppression des causes des tentations.

La suppression des tentations dans le sujet exigerait la contradiction. En effet, la loi générale qui préviendrait toute tentation en tous les hommes, serait opposée à une autre loi générale qui attache les effets à leur cause.

D'ailleurs, le miracle introduit comme règle dans l'enchaînement ordinaire des causes et des effets, rendrait superflue et incomplète l'œuvre de la création. Le Créateur qui a donné à l'homme une nature tout à la fois sensible et raisonnable, doit à son œuvre de lui laisser l'exercice de ses deux ordres de facultés. Si Dieu réglait lui-même directement les passions de chaque homme par des miracles sans cesse renouvelés, l'homme serait découronné de sa grandeur personnelle, et sa grandeur naturelle ne serait plus qu'une vaine décoration, qu'un don indigne du Créateur.

La vertu n'a de vigueur vraie que lorsqu'elle croît au milieu des difficultés. Peut-être n'y a-t-il pas d'acte méritoire qui n'inflige quelque peine. La tentation est donc un des facteurs les plus précieux de la vertu et ce n'est pas être sage que vouloir la supprimer.

La suppression des causes des tentations exigerait

aussi des miracles sans nombre comme les tentations. Il faudrait, en effet, briser ou faire dévier, pour chaque tentation, un anneau de la série des événements ou de la série naturelle des idées, car les objets provocateurs sont présents à nos yeux, à notre mémoire ou à notre imagination. Mais le miracle seul suspend ou remplace l'efficacité des causes secondes. Le miracle universel et continu serait inapplicable même à la puissance divine. On ne peut prendre la masse incalculable des événements déréglés pour en faire la règle d'une partie notable de l'ordre du monde, sans produire le désordre. Il n'est donc pas possible que Dieu gouverne le cours des choses en se réglant sur les caprices innombrables de la liberté humaine.

S'il fallait que Dieu effaçât de la pensée des hommes ce qui est pour eux une cause actuelle de tentation, la série naturelle des idées serait coupée d'innombrables lacunes, de telle sorte qu'on ne pourrait jamais compter sur les résolutions prises, sur les engagements contractés, sur les ordres donnés : toujours l'objet de la résolution, de l'engagement, de l'ordre, serait exposé à disparaître juste au moment de l'exécution.

L'adaptation des événements aux caprices de la liberté humaine serait, dans beaucoup de cas, aussi impossible qu'un cercle carré.

En effet, l'action des objets sensibles atteint le plus souvent des groupes entiers en même temps et devient occasion de bien pour les volontés bonnes, occasion de mal pour les volontés mauvaises. Si, d'après l'hypothèse, Dieu doit empêcher cette action, pour ôter à la volonté mauvaise l'occasion de mal faire, ne doit-il pas avant tout la permettre, pour fournir à la volonté bonne l'occasion de faire le bien ?

Il faudrait donc que les mêmes causes exclues en faveur des mauvais, fussent remises à leur place en faveur des bons.

Le bien et les bons sont la raison de tout dans le monde, même de la liberté laissée au mal et aux mauvais. Le triomphe du vice sur la vertu est un désordre affreux dont Dieu ne peut être l'auteur. Un seul acte de vertu l'emporte sur tous les péchés imaginables autant que l'être sur le néant.

———

10° OBJECTION.

Pourquoi tous les méchants incorrigibles ne seraient-ils pas anéantis ? «Si notre vie se confond, par une ressemblance volontaire et criminelle, avec la vie des animaux, bornée aux temps et aux besoins physiques et sensibles, il est juste aussi que nous soyons anéantis à l'heure de la mort comme les animaux dont nous partageons ainsi la loi et la destinée (1). » La théorie de l'immortalité conditionnelle et facultative n'est-elle pas préférable à celle de l'immortalité absolue et obligatoire ?

L'anéantissement serait une peine insuffisante : la preuve, c'est que le pécheur la désire. Nul ne dé-

(1) CHARLES LAMBERT : *Le spiritualisme et la religion*, t. I.

sire un châtiment si ce n'est par amour de l'ordre,
amour qu'on ne peut attribuer au pécheur obstiné.

L'enfer éternel est la seule peine vraiment préventive, à cause des penchants de l'homme et du
plaisir sans mesure qu'il se propose dans le péché.
Combien d'hommes qui jouent leur santé, leur honneur et leur vie contre le plaisir d'un instant !

Non seulement cette fuite du pécheur dans le néant
serait une sanction inefficace, mais elle rendrait Dieu
ridicule en le rendant impuissant.

La créature intelligente est l'image de Dieu. On
ne peut la détruire sans attenter à une pensée et à un
acte destinés à manifester les perfections divines. Si
la créature pouvait, par son inconduite, forcer Dieu
à l'anéantir, ne serait-ce pas la destruction de l'ordre ? Quoi donc ! Le pécheur, après avoir tué son
corps ici-bas, tuerait là-haut son âme, et ce meurtre
de son âme, le plus grand de tous les crimes, serait
son unique châtiment !

Non, « plus de néant pour l'âme, dit Bossuet, de-
puis que son Auteur l'a une fois tirée du néant pour
jouir de sa vérité et de sa bonté ! Car comme qui
s'attache à cette vérité et à cette bonté, mérite plu
que jamais de vivre dans cet exercice et de le voir
durer éternellement ; celui aussi qui s'en prive et
qui s'en éloigne, mérite de voir durer dans l'éternité
la peine de sa défection. »

La fin d'un être est la raison qui détermine et
mesure les propriétés de sa nature. Quelle est donc
la fin de l'homme ? C'est la possession de Dieu. L'ac-
quisition de cette fin est conditionnelle, mais la des-
tination à cette fin est absolue, indépendante de toute

volonté. L'homme a donc reçu de Dieu, dans sa nature, tous les moyens nécessaires pour atteindre sa fin.

Or, l'immortalité est un de ces moyens, car une nature immortelle peut seule avoir pour fin de connaître et d'aimer Dieu. Sans l'assurance d'un avenir éternel, il ne sa rait y avoir de parfait bonheur pour la créature intelligente. D'autre part, le Créateur, doit être glorifié, non pas un jour, mais à jamais par tout esprit créé. Voilà pourquoi Dieu a voulu l'immortalité de l'âme d'une manière absolue.

Nous trouvons la contre-épreuve de cette vérité dans l'étude même de notre nature.

Les natures des choses se manifestent par leurs opérations, car des opérations aux aptitudes, des aptitudes aux propriétés constitutives des natures, le passage est nécessaire.

Quelle est, par exemple, la tendance naturelle de l'amour ? Sa tendance naturelle est de ne jamais finir : il veut des choses qui durent toujours et il veut durer toujours.

Or toute tendance naturelle implique les moyens naturels qui lui sont nécessaires pour atteindre son terme, sinon il y aurait contradiction dans les opérations mêmes du Créateur, où la contradiction est impossible.

Donc Dieu a naturellement ordonné tout ce qui est nécessaire à la réalisation de la tendance naturelle à durer toujours que possèdent les opérations de la faculté d'aimer. Par cela seul qu'il veut une nature, Dieu veut à la fois les exigences, les tendances de cette nature et leur réalisation.

De fait, Dieu a marqué à l'homme un objet où sont réunies toutes les raisons d'aimer : cet objet, c'est lui-même.

Comme Dieu est infini, une nature finie qui connaît et qui aime un tel objet, y trouvera toujours matière nouvelle à connaître et à aimer. Comment épuiser la source inépuisable de toutes les splendeurs ? Dieu est la lumière même. Comment épuiser l'océan de délices sans bornes et sans rivages ? Dieu est la beauté par essence. En vain, notre énergie se déploiera-t-elle pour savourer tous les charmes des perfections divines, toujours des amabilités nouvelles apparaîtront à nos regards ravis, et toujours notre cœur, inondé de joie, tressaillera d'allégresse et d'amour.

Mais outre l'objet où subsiste toujours toute raison d'être aimé, la perpétuité de l'amour exige une nature qui dure toujours, car l'amour continuerait-il, si l'être qui le produit cessait d'exister ? Donc, si l'amour a pour tendance naturelle de durer toujours, il est nécessaire qu'il soit l'opération d'un agent immortel.

L'âme humaine, se manifestant par l'amour proprement dit, est donc naturellement immortelle. Et comme la nature est la même dans tous les hommes, l'homme vertueux et l'homme coupable sont également indestructibles. *Deus creavit hominem inexterminabilem* (1).

La fin voulue par Dieu d'une manière absolue, c'est sa propre glorification. Cette fin est au-dessus des atteintes de la volonté humaine; libre à elle d

(1) Sap., II, 23.

choisir entre le bonheur ou le malheur, mais, heu-
reuse ou malheureuse, elle devra sans fin rendre
hommage à la souveraineté de Dieu et proclamer
éternellement sa gloire par la récompense ou par le
supplice.

II° OBJECTION.

La crainte de l'enfer détruit le caractère propre de la vertu.
Le caractère essentiel de la vertu n'est-ce pas d'être désintéressée? « Avec la doctrine des rétributions divines, dit Littré, le
salut personnel devient la seule affaire véritable. Jamais un si
complet système d'égoïsme n'avait été organisé dans le
monde (1). »

Proclamer l'impunité de tous les vices au nom de
la plus pure vertu, voilà une entreprise absurde,
condamnée *a priori*.

L'homme ne peut aimer que ce qui lui plaît. Or,
les choses nous plaisent soit par la simple impression
qu'elles produisent sur nous, soit à la suite d'un
jugement sur la perfection que nous trouvons en
elles. Dans le premier cas, l'amour est intéressé,
dans le second, il est désintéressé. Peu importe que
notre intérêt se trouve dans l'amour du bien : « Ima-
ginez un amour qui ne porte pas de délectation, dit
Bossuet, c'est imaginer un amour sans amour. »

(1) *Conservation, révolution et positivisme*, p. 291.

Qu'en un sens notre avantage soit d'accord avec notre devoir cela ne détruit pas la valeur morale de notre acte, pourvu que cet amour personnel ne soit ni le motif supérieur, ni la fin ultime de ce même acte.

La volonté veut le bien en soi et veut son bonheur. Comme le terme complet d'une tendance est nécessairement unique, ces deux fins sont réduites à l'unité par subordination. Le bonheur résultant de la possession du bien comme l'effet de sa cause, le bien l'emporte sur la félicité.

Dans le plan divin, l'intérêt et le devoir, unis l'un à l'autre, doivent donc diriger l'activité humaine dans le même sens et la conduire au même but : *Cherchez* D'ABORD *le règne de Dieu et sa justice, et le reste vous sera donné par surcroît* (1).

« L'idée de récompense ne rend pas l'amour plus intéressé, puisque la récompense qu'il désire n'est autre chose que celui qu'il aime ; et partout l'idée de la béatitude est confusément l'idée de Dieu, et tous ceux qui désirent la béatitude dans le fond désirent Dieu : aimer la béatitude, c'est donc confusément aimer Dieu, puisque c'est l'amas de tout bien ; et aimer Dieu en effet, c'est aimer plus distinctement la béatitude (2). »

Ainsi se concilie l'amour personnel avec l'amour du bien ; conciliation nécessaire parce que l'homme ne peut pas ne pas s'aimer et il ne s'aime véritable-

(1) Saint Luc, XII, 31.
(2) VALLET, *Histoire de la philosophie*, p. 415.

ment, que lorsqu'il s'aime dans l'amour du bien absolu, dépendamment de son auteur.

Profane ou sacré, la nature de l'amour est de désirer la possession assurée de ce qu'on aime.

Quelques incrédules, par vanité, prétendent que des vertus pratiquées soit pour éviter l'enfer, soit pour obtenir le ciel, ne sont pas assez généreuses. Pourquoi, par exemple, M. Vessiot rejette-t-il le dogme des rétributions d'outre-tombe ? C'est, dit-il, « pour faire à la conscience l'honneur de la croire capable de diriger l'homme sans l'épouvante des supplices éternels et sans l'appât des béatitudes infinies (1). »

Hélas ! L'expérience nous prouve chaque jour que s'il est commode de ne pas croire à l'enfer, il est bien incommode de vivre avec des gens qui n'y croient pas. La négation de l'enfer est la négation même de toute morale, car, quelle est la base de la morale sinon l'opposition radicale, essentielle, qui existe entre le bien et le mal, et jusque dans leurs dernières conséquences ?

« L'appât des béatitudes infinies », selon l'expression dédaigneuse de M. Vessiot, pour le chrétien, c'est la vision du Vrai suprême, l'amour du Bien suprême, c'est-à-dire la perfection par le développement régulier des vertus intellectuelles et morales qu'il a exercées sur la terre. L'amour du bien pour lui-même, voilà son mobile. Qu'est le bien, en effet, sinon le désirable. Or on doit désirer la perfection. Comme la perfection d'un effet n'est autre

(1) *De l'éducation à l'école*, 3ᵉ édit., p. 65.

chose qu'une certaine ressemblance avec sa cause,
c'est à notre Père céleste que nous devons ressembler (1). Comment lui ressembler mieux ici-bas que
par la foi, l'espérance et la charité, et là-haut que
par la vision, la possession et l'amour de sa divine
essence dans laquelle il se voit, se possède et s'aime
Lui-même ? Mais point de perfection sans bonheur,
ainsi l'exige la gloire de Dieu, ainsi l'ordonne sa
volonté souveraine : *Fiat voluntas tua!* La plus
grande gloire de Dieu, sa volonté trois fois sainte,
sur la terre comme au ciel, tels sont le mobile,
l'inspiration des vertus et des actions chrétiennes.
« L'appât» de M. Vessiot serait-il plus élevé ? De
l'élévation du mobile, de la grandeur de l'inspiration, dépendent et le degré de la vertu et la grandeur des actions humaines.

L'homme ne peut d'ailleurs agir sans motif.
Choisira-t-on l'intérêt ? — Quoi de plus vil que cet
égoïsme monstrueux en vertu duquel l'homme individuel ou collectif serait à lui-même sa fin dernière et son fétiche!

L'honneur ? — Mais rien de plus variable, de plus
injuste que l'opinion publique, quand elle n'a point
pour base l'enseignement religieux. Le sentiment ?
— Sentiment contre sentiment, la passion l'emportera toujours. Le témoignage de sa conscience et de
sa propre estime ? — Mais n'est-ce pas là un retour
sur soi-même. Nous ne voyons pas, d'ailleurs, en
quoi un intérêt borné à la vie présente serait plus

____

(1) Matth., v, 48.

noble et plus digne de l'homme que celui qui a pour objet l'éternité.

Quant à l'*infinité* des béatitudes, remarquons seulement qu'elle ne peut s'appliquer qu'à leur durée. Quoique surélevé, dans le ciel, par la lumière de la gloire, notre esprit n'en sera pas moins fini; or, un intellect peut bien percevoir un objet infini en lui-même, mais non en tant que perçu par cet intellect. Ainsi nous verrons Dieu tout entier puisqu'il est simple; mais non totalement puisqu'il est infini. L'inspecteur de l'académie de Paris, M. Vessiot, voudra bien nous permettre de conserver «cet appât» jusqu'au jour (nous avons le temps d'attendre) où il nous aura montré quelque chose de plus élevé et de plus grand que Dieu.

En résumé, «les supplices éternels» pour les mauvais, «les béatitudes infinies» pour les bons, sont comme les deux plateaux de la Justice éternelle et infinie. Dieu ne nous refuse pas sa grâce toute-puissante pour faire pencher le second en notre faveur, mais nous sommes libres de choisir, et de notre choix dépend notre éternité puisque nous sommes immortels.

TABLE DES MATIÈRES.

Le dogme de l'enfer d'après l'Eglise et la Révélation . . 2

Les objections de la libre pensée 7

Ne répugne-t-il pas à Dieu que le mal s'éternise ? . . . 8

Pourquoi ne satisferait-il pas sa justice par l'intensité de la peine plutôt que par la durée ? 9

Pourquoi pour un péché passager condamner un homme à une peine éternelle ? 14

Comment concilier l'éternité des peines avec le but médicinal de toute loi afflictive ? 18

Pourquoi le criminel, en passant par la mort, perdrait-il la faculté de se repentir, d'expier et d'obtenir sa grâce ? . 23

Comment la miséricorde infinie de Dieu pourrait-elle s'épuiser ou se lasser à l'égard du pécheur ? 29

Dieu n'est-il pas par nature un Père trop tendre pour condamner l'homme à l'enfer ? 32

Pourquoi les adultes coupables d'un péché mortel seraient-ils condamnés aux feux de l'enfer, alors que les enfants morts avec le seul péché originel, sont simplement exclus de la vision intuitive de Dieu ? 39

Pourquoi Dieu crée-t-il des ames dont il prévoit la damnation éternelle ? 40

Pourquoi donner la liberté à l'homme qui doit en abuser ? 41

Pourquoi Dieu, qui est tout-puissant, n'intervient-il pas toujours pour empêcher le mal que les créatures libres sont sur le point de commettre ? 47

Pourquoi tous les méchants incorrigibles ne seraient-ils pas anéantis ? 51

Comment la vertu, essentiellement désintéressée, pourrait-elle subsister avec la doctrine des rétributions divines, et, en particulier, avec la crainte de l'enfer ? 55

Conclusion 59

www.ingramcontent.com/pod-product-compliance
Lightning Source LLC
Chambersburg PA
CBHW051621060726
47597CB00004B/1387